Antropologia da política

Coleção **PASSO-A-PASSO**

CIÊNCIAS SOCIAIS PASSO-A-PASSO
Direção: Celso Castro

FILOSOFIA PASSO-A-PASSO
Direção: Denis L. Rosenfield

PSICANÁLISE PASSO-A-PASSO
Direção: Marco Antonio Coutinho Jorge

Ver lista de títulos no final do volume

Karina Kuschnir

Antropologia da política

ZAHAR

Capa
Sérgio Campante

CIP-Brasil. Catalogação na fonte
Sindicato Nacional dos Editores de Livros, RJ

R849t Kuschnir, Karina
Antropologia da política / Karina Kuschnir. — 1ª ed. — Rio de Janeiro: Zahar, 2007.
(Passo-a-passo; 79)

Inclui bibliografia
ISBN 978-85-378-0016-4

1. Antropologia política. 2. Ciência política. 3. Cultura e política. I. Título. II. Série.

07-2223 CDD: 306.2
CDU: 316.74:32

EDITORA SCHWARCZ S.A.
Praça Floriano, 19, sala 3001 — Cinelândia
20031-050 — Rio de Janeiro — RJ
Telefone: (21) 3993-7510
www.companhiadasletras.com.br
www.blogdacompanhia.com.br
facebook.com/editorazahar
instagram.com/editorazahar
twitter.com/editorazahar

FSC
www.fsc.org
MISTO
Apoiando o manejo florestal responsável
FSC® C128038

A marca FSC® é a garantia de que a madeira utilizada na fabricação do papel deste livro provém de florestas que foram gerenciadas de maneira ambientalmente correta, socialmente justa e economicamente viável, além de outras fontes de origem controlada.

Esta obra foi composta por TopTextos Edições Gráficas em Minion e Frutiger e impressa em processo sob demanda pela Um Livro sobre papel offset para a Editora Schwarcz a partir de 2024

Sumário

Introdução 7

Histórico de um campo de estudos 11

Cultura política 19

Sociedade de esquina: um estudo exemplar 24

A antropologia da política no Brasil 31

Rituais e política 38

Política, espaço urbano e mediação 48

Observação participante no campo da política 53

Interdisciplinaridade e diálogo acadêmico 60

Referências e fontes 65

Agradecimentos 71

Sobre a autora 72

Introdução

Às vésperas da eleição, uma candidata ao cargo de vereador sai para cumprir uma longa lista de reuniões e visitas às casas de seus eleitores em um subúrbio do Rio de Janeiro. No trajeto, passa por ruas conhecidas desde a infância, agora coalhadas de fotos suas. Cartazes e faixas se espalham nos muros das casas e nas janelas dos apartamentos dos condomínios populares. A monotonia só é quebrada porque um assessor percebe um problema: vários carros ostentam adesivo com a propaganda de outro candidato, que tem sua base eleitoral em um bairro nobre da cidade! O que aquele anún cio forasteiro estava fazendo ali, na porta de uma casa onde mais de 30 pessoas esperavam a candidata com salgadinhos e refrigerantes? A explicação, dada por um senhor sorridente, porém levemente constrangido, foi inesperada: jovens da região adotaram o adesivo desse candidato para conquistar as garotas do local. Esperavam se passar por vizinhos do político, morador de um bairro de elite, valorizado por ter um estilo de vida "moderno" e "muito melhor que o suburbano".

Episódios aparentemente irrelevantes como esse podem ser uma extraordinária via de acesso para a compreensão de um universo político. Por meio de sua interpretação, em conjunto com outros dados de campo, podemos compreender o planejamento de uma campanha local, o contato com os moradores de uma região específica, características da candidatura, de seu partido político, bem como os padrões de votação esperados. Tudo indica que o controle exercido pelo político considerado "dono" daquela área remete a relações "clientelistas" com a população. Por qual outra razão o morador deveria tentar explicar e justificar o adesivo no carro parado à porta de sua casa, senão pela existência de vínculos de lealdade e dívida? Como os cartazes e faixas foram parar na porta das casas e nas janelas das pessoas senão por consentimento das mesmas e, muito provavelmente, como uma retribuição de favores prestados ou pela expectativa de favores futuros? Quem mandou fazer essas peças de propaganda, com qual dinheiro e quem as colocou ali?

Candidatos, financiadores de campanha, assessores de vários tipos e moradores são participantes ativos desse episódio. São parte de um mesmo universo político e não elementos isolados um do outro, como a política também não está isolada da vida social. Ao contrário, vemos nesse episódio aflorarem diferenças geracionais, com estratégias sociais e visões de mundo nem sempre comuns. Observamos as divisões da cidade e suas distinções econômicas, morais e simbólicas. Percebemos a importância dos rituais de celebração e comensalidade no fortalecimento de vínculos entre as pessoas. Vemos, de relance, como se atualizam relações profissionais, de amizade, aliança e parentesco. Notamos diferentes usos para bens de consumo e suas relações com a identidade. Podemos conhecer, ainda, a posição privilegiada da antropóloga que estava dentro do carro da candidata e foi testemunha ocular da cena.

A antropologia da política tem por objetivo entender como os atores sociais compreendem e experimentam a política, isto é, como interagem e atribuem significado aos objetos e às práticas relacionadas ao universo da política. Embora simples, essa é uma proposta complexa e que implica pelo menos dois pressupostos. O primeiro, de que a sociedade é heterogênea, formada por redes sociais com múltiplas percepções da realidade. O segundo, de que a "política" ou o "mundo da política" não é um dado *a priori*, mas precisa ser investigado e definido a partir das formulações e comportamentos de pessoas e contextos particulares.

Tomo a política, e a sociedade em geral, como fruto da ação coletiva, isto é, de uma rede de pessoas que interagem e se influenciam reciprocamente por meio de relações complexas e dinâmicas. Como veremos adiante, existem múltiplos "mundos da política", dependendo do contexto etnográfico que se estuda. Para compreender esses mundos é importante estudar tanto as concepções dos políticos quanto de seus financiadores, assessores, eleitores e da sociedade mais abrangente na qual estão inseridos.

A abordagem antropológica da política privilegia a dimensão simbólica, ou seja, a interpretação que os atores sociais fazem das instituições, relações e objetos com os quais lidam no seu cotidiano. Essa interpretação se exprime e se constrói tanto nas conversas, falas e discursos quanto nas decisões e ações empreendidas. No episódio do adesivo, vimos um pequeno fragmento de um mundo da política onde candidatos e eleitores mantêm relações estreitas de trocas e vizinhança e tomam a política essencialmente como um meio de acesso a recursos públicos.

Antropologia política ou antropologia *da* política? A diferença entre as duas alternativas é que, na primeira, a palavra "política" corre o risco de ser entendida de forma adjetivada, enquanto na segunda é claramente compreendida como objeto de pesquisa. A mudança na denominação do campo indica a preocupação dos antropólogos em não confundir os dados do material etnográfico com a posição ideológica dos pesquisadores. No Brasil, a adoção da expressão "antropologia da política" acompanha mudanças semelhantes ocorridas na Europa e nos Estados Unidos, onde encontramos cada vez mais menções à *anthropology of politics* ou *anthropologie du politique*. Porém, muitos livros na área ainda são classificados como "antropologia política".

Este livro divide-se em oito seções. Nas quatro primeiras, discuto a literatura sobre o tema da antropologia da política e alguns de seus aspectos teóricos. A seguir, procuro apresentar alguns exemplos de pesquisas que realizei, bem como discutir problemas metodológicos relacionados a pesquisas etnográficas sobre esse objeto. Para finalizar, a última seção debate a contribuição de diferentes áreas das ciências sociais para a compreensão da política.

Histórico de um campo de estudos

O interesse da antropologia pela política existe desde os primórdios da disciplina. No contexto da tradição evolucionista, que marcou a fase inicial da antropologia, o foco recaía sobre as formas e sistemas de poder em sociedades "primitivas", cujas características deveriam ser comparadas e classificadas em relação ao sistema político das sociedades modernas, vistas como mais evoluídas. Em relação à suposta evolução das formas de organização política, traçava-se uma linha que ia desde a "horda primitiva" até o Estado moderno. Nessa época de hegemonia do evolucionismo, que poderíamos situar entre as últimas décadas do século XIX e o início da década de 1920, a grande maioria dos estudos antropológicos não tomava a política como tema central de interesse, nem a antropologia política era pensada ou formalizada como uma subárea de estudos.

Com o avanço da tradição estrutural-funcionalista britânica, no entanto, a política ganhou espaço, sobretudo nas etnografias realizadas no contexto colonial anglo-africano. Muitos desses estudos buscavam entender a organização social de grupos e etnias sem a presença de um sistema político formal, isto é, sem Estado. É nessa direção que surgem as reflexões sobre a importância dos sistemas de parentesco para a hierarquia e coesão sociais, tendo como referência inicial o antropólogo britânico Alfred R. Radcliffe-Brown (1881-1955). Alguns dos textos fundamentais da então recém-nomeada "antropologia política" são produzidos nesse contexto. Em 1940, são publicadas a coletânea *African Poli-*

tical Systems (*Sistemas políticos africanos*), organizada pelos britânicos Meyer Fortes (1906-83) e Edward E. Evans-Pritchard (1902-73), e a monografia *Os Nuer*, também de Evans-Pritchard.

A expressão "antropologia política" foi consagrada em uma revisão bibliográfica com esse título publicada em 1959 pelo cientista político canadense David Easton (n.1917), que cobrava da antropologia um enfoque que tomasse as práticas e instituições políticas por si mesmas e não por suas relações com as demais esferas sociais, como o parentesco, por exemplo. Easton criticava também a definição de poder dos antropólogos, que teria tornado-se tão ampla que poderia ser encontrada em qualquer situação social, englobando todos os temas da disciplina. O artigo foi duramente criticado por antropólogos, pois essa visão relacional era exatamente o que eles buscavam alcançar, fugindo assim às visões etnocêntricas presentes nos estudos relacionados às práticas políticas das sociedades chamadas "primitivas".

Para Radcliffe-Brown, em prefácio a *African Political Systems*, o estudo do sistema político de uma sociedade constituía-se em um dos meios privilegiados para se compreender a natureza de suas instituições sociais. Uma questão central para a antropologia africanista era a necessidade de se encontrar instrumentos teóricos capazes de lidar com o sistema de organização, manutenção e controle da força em sociedades tribais que não tinham a presença de um Estado centralizado nos moldes europeus. Os antropólogos recusavam-se a classificar as sociedades primitivas pela negatividade, como se fossem sociedades "sem política" por não terem um Estado centralizado nos moldes ocidentais, preferindo buscar em outras dimensões da vida social os meios de conformação da sua organização política.

Ao dissociar o entendimento da política da presença de instituições baseadas nos modelos da sociedade ocidental, a antropologia reafirmava a importância da pesquisa etnográfica para um entendimento mais profundo da vida social. A monografia de Evans-Pritchard sobre o sistema político Nuer é um dos marcos dessa perspectiva de análise, por mostrar que o sistema de parentesco era a chave da organização política daquela sociedade. A política não se revelava pelo surgimento de uma instituição central, e sim pela existência de um "relacionamento estrutural" de antagonismos persistentes e equilibrados. Estes eram expressos no relacionamento com povos vizinhos e entre diversos segmentos da sociedade Nuer, e organizados em função de situações sociais específicas. O entendimento da estrutura política Nuer dependia da compreensão do princípio segmentário de organização dos diversos grupos, da "lógica da situação" que os constituía e do permanente conflito entre valores rivais dentro de um mesmo território.

Em *Political Systems of Highland Burma* (*Sistemas políticos da Alta Birmânia*), de 1954, outro antropólogo inglês, Edmund Leach (1910-89), criticava a noção de sociedades em "equilíbrio contínuo" que estava subjacente à maior parte dos trabalhos da coletânea organizada por Fortes e Evans-Pritchard sobre os sistemas políticos africanos. Baseado em sua experiência de pesquisa no norte da então Birmânia (atual Myanmar), Leach afirmou ser necessário mostrar que a estrutura social está em permanente mutação, parecendo estável e coerente apenas no relato etnográfico. A antropologia precisaria rever uma concepção de sociedade em equilíbrio se quisesse dar conta dos processos de transformação e mudança. Em contraposição aos africanistas, Leach defendia a tese de que certas sociedades, pautadas pela convivência de culturas e visões de mundo heterogêneas, são estruturalmente instáveis, o que poderia ser mais bem observado em um processo histórico, e não apenas a partir de uma visão voltada para o presente. A partir dessa perspectiva, o autor procurava dar conta de dimensões aparentemente incoerentes da vida social, buscando compreender seus mecanismos de integração e conflito.

A incorporação das noções de processo e ritual também é parte da abordagem de autores que contribuíram decisivamente para o campo da antropologia política, como Max Gluckman, Victor Turner, Marc Swartz, Arnold Epstein, Paul Friedrich, John Middleton, Arthur Tuden e Frederick G. Bailey.

A valorização da pesquisa de campo que marca a antropologia moderna também está presente, de um modo geral, nessa antropologia política clássica. Esses autores procuravam, com isso, ampliar o universo de investigação do pesquisador para além da ação dos atores, englobando seu repertório de valores e significados. No entanto, embora freqüentemente dialoguem entre si, esses antropólogos não produziram abordagens homogêneas. Se em uma primeira etapa foi dada maior ênfase aos aspectos de coesão e equilíbrio social, à medida que avançamos no tempo observamos maior preocupação com as transformações sociais. Passando, assim, a situar as relações de poder não só no espaço como também no tempo, bem como entendendo-as a partir de temáticas como conflitos, rituais, mitos, identidades, status, representações e práticas.

Conforme observamos, uma das preocupações centrais desses antropólogos era ampliar o conceito de atividade política, evitando uma visão etnocêntrica da política que tomasse o Estado moderno-contemporâneo como o produto final de uma suposta evolução política. No caso das sociedades africanas, particularmente, tratava-se de rediscutir o papel do Estado colonial e as repercussões desse modo de dominação na cultura e na organização social das populações nativas. As relações de parentesco, étnicas e religiosas são repensadas, revelando-se que constituem dimensões fundamentais — por vezes exclusivas — de atualização da vida política. Valoriza-se também o papel de indivíduos singulares que, dentro de contextos complexos, atuariam como mediadores entre múltiplos níveis culturais. Devolveram-se, nesse sentido, importantes trabalhos sobre mediação e política, com reflexões acerca de um amplo e heterogêneo conjunto de relações pessoais — favores, compromissos, lealdades, clientela. A partir das décadas de 1950 e 1960, as análises se historicizam, chamando atenção para os processos de transformação das estruturas sociais.

O antropólogo britânico Victor Turner (1920-83) foi um dos autores centrais nessa direção. Em *O processo ritual*, de 1969, e em *Drama, Fields and Metaphors: Symbolic Action in Human Society* (*Dramas, campos e metáforas: Ação simbó-*

lica na sociedade humana), de 1974, Turner desenvolveu um método de observação e análise de "dramas sociais", episódios em que conflitos e tensões inerentes a um grupo social irrompem publicamente. Sua perspectiva de análise focaliza a permanente oscilação entre ordem e mudança, equilíbrio e desequilíbrio, estrutura e anti-estrutura.

A tentativa de definir aquilo que seria universal na política é uma preocupação fundamental na obra de Frederick G. Bailey (n.1924). Para o antropólogo inglês, aluno de Leach e um dos expoentes, junto com Max Gluckman, da chamada Escola de Manchester, existiriam certas regras universais relativas aos comportamentos políticos. Caberia aos antropólogos buscá-las através do estudo das práticas políticas que não estão explícitas em regras normativas e públicas, mas sim em uma sabedoria privada e pragmática, voltada para a obtenção de resultados eficazes. Independentemente das diferenças, todas as culturas teriam suas táticas de manipulação política, com as quais o pesquisador poderia aceder através da abordagem etnográfica minuciosa das negociações cotidianas. Parte da densa e influente obra de Bailey foi publicada em um período de grande efervescência na área, entre as décadas de 1960 e 1970, quando se editaram monografias e coletâneas importantes como *Political Anthropology* (*Antropologia política,* 1966, organizado por Swartz, Turner e Tuden) e *Local-Level Politics: Social and Cultural Perspectives* (*Política local: Perspectivas sociais e culturais,* 1968, organizado por Swartz).

A idéia de que as relações de poder são intrínsecas às relações sociais, de um modo geral, é um dos temas fundamentais da antropologia que tem se dedicado às análises sobre a política. Em *Anthropological Approaches to Political Behavior* (*Abordagens antropológicas do comportamento político*), de 1991, Frank McGlynn e Arthur Tuden resumem esse ponto de vista. O poder (ou a política) estaria presente em todas as relações sociais em que existe algum tipo de assimetria. Seria preciso estudá-lo dentro de um contexto sociocultural, identificando suas dimensões materiais, psicológicas e sociais, sem deixar de lado os processos de mudança dessas configurações. É nessa mesma direção que a antropóloga norte-americana Joan Vincent, em *Anthropology and Politics* (*Antropologia e política*), de 1990, faz uma extensa revisão das principais linhas de pesquisa da área, mantendo um fio condutor na história de obras e autores, ao qual voltaremos ao final deste livro.

Cabe ressaltar também a importante obra do antropólogo francês Pierre Clastres (1934-77) para a constituição de uma antropologia política, principalmente seus livros *Arqueologia da violência* e *A sociedade contra o Estado*. Clastres talvez tenha sido o autor que propôs a relativização mais radical da noção de política. Na sua visão, o poder político é universal, inerente ao social e, diferentemente do que ocorre nas sociedades com Estado, pode ser exercido de forma não-coercitiva. Nas sociedades primitivas, principalmente nas sul-americanas (foco de seus estudos etnográficos), a finalidade do poder não é impor a vontade do chefe sobre o grupo, mas sim expressar o "discurso da sociedade sobre ela mesma", de modo a preservar seu caráter solidário e indiviso.

A análise do poder nas sociedades primitivas também serve de pretexto para que Clastres faça uma crítica àqueles que apontam a primazia da esfera econômica na determinação da vida social. Para o autor, são as relações de poder e, portanto a esfera da política, que estruturam as relações sociais. Essa visão tem um caráter singular dentro da antropologia política porque, como dissemos anteriormente, Clastres recusava as definições de poder coercitivo das sociedades "civilizadas". Por isso mesmo, suas pesquisas não encontraram apenas outras formas e princípios de expressão das relações de poder (como fizeram muitos africanistas, segundo se criticou mais tarde), mas sim um poder fundamentado em princípios radicalmente diferentes — um poder que se exercia em nome do grupo com a finalidade de perpetuar o caráter igualitário das relações sociais. Em uma perspectiva que se aproxima da tradição da filosofia política anarquista, Clastres destacava a luta da sociedade primitiva *contra* o surgimento do Estado.

Com o crescimento da produção acadêmica na antropologia política, ocorre um afastamento do cânone tradicional e uma pulverização de problemas teóricos e temas de pesquisa. Muitos desses novos campos são fruto do enfrentamento dos desafios impostos por uma conjuntura mundial na qual convivem forças políticas e culturais em múltiplos níveis como comunismo, capitalismo, colonialismo e movimentos sociais de diversos tipos. Entre estes, a área dos estudos feministas e os movimentos anticolonialistas ganham destaque por sua importante contribuição para a reflexão sobre o poder.

Cultura política

Já que "cultura" é um dos conceitos centrais da antropologia, podemos perguntar por que os estudos de antropologia da política não adotam mais freqüentemente o conceito de "cultura política", criado na década de 1960 pelos cientistas políticos Gabriel Almond e Sidney Verba em *The Civic Culture* (*A cultura cívica*), a partir da combinação das perspectivas sociológica, antropológica e psicológica no estudo dos fenômenos políticos. Este termo, que ficou muito associado aos estudos de ciência política e à realização de pesquisas de opinião, passou a ser também bastante utilizado por historiadores, embora hoje esteja praticamente abandonado na antropologia.

A intenção de Almond e Verba era forjar um conceito que combinasse o campo da política com a variável cultural, incorporando, nas análises da política da sociedade de massas contemporânea uma abordagem comportamental, que levasse em conta os aspectos subjetivos das orientações políticas, tanto do ponto de vista das elites, quanto do público dessa sociedade. O objetivo central de *The Civic Culture* era discutir o papel da cultura política no funcionamento dos regimes democráticos. Para tanto, cultura política era definida como a expressão do sistema político de uma determinada sociedade nas percepções, sentimentos e avaliações da sua população. O conceito atribui grande importância ao processo de socialização (que tem lugar em espaços sociais distintos como a família, a escola e o trabalho) na definição do comportamento político. A suposição de que há uma relação entre o processo de socialização e o comportamento político exige o reconhecimento de que as respostas dos atores a situações sociais objetivas não ocorrem em um plano único, no qual nenhum componente subjetivo intervém. Ao contrário do que propõem os modelos básicos da teoria da escolha racional, hoje dominantes na ciência política, as respostas se dão através de orientações mediadas pela avaliação subjetiva que o ator realiza dessas situações sociais.

Para a elaboração do conceito de cultura política, Almond e Verba inspiraram-se em trabalhos das mais diversas áreas do conhecimento — a história, a filosofia, a antropologia, a sociologia e a psicologia — que haviam se dedicado ao estudo das dimensões subjetivas da política. Nesse universo, a principal referência é a chamada Escola de Cultura e Personalidade que se desenvolveu nos Estados Unidos entre as décadas de 1930 e 1960. Naquele momento, antropólogos como Edward Sapir, Margaret Mead e Ruth Benedict, vinculados à tradição culturalista fundada por Franz Boas, direcionaram suas pesquisas para a compreensão da cultura, de um modo geral, e das questões relacionadas ao caráter nacional.

A noção de cultura utilizada por Almond e Verba tem inspiração direta na formulação do conceito de cultura por parte desse grupo de antropólogos. Uma das referências-chave é *Patterns of Culture* (*Padrões de cultura*), de Ruth Benedict, de 1934. Cultura era ali entendida como uma articulação de padrões de comportamento apreendidos socialmente por meio de processos de transmissão de tradições e idéias, sem qualquer determinação biológica. O pesquisador não deveria isolar objetos de pesquisa sem perder de vista o caráter holístico do conceito de cultura, isto é, a integração e a articulação da totalidade social.

Nessa perspectiva, a observação etnográfica foi apontada como o método, por excelência, capaz de elucidar as motivações, emoções e valores que dão significado aos comportamentos individuais de uma determinada cultura. Para o estudo da sociedade ocidental, era preciso estar atento à convivência de múltiplos códigos culturais que não estão, necessariamente, circunscritos a regiões geograficamente delimitadas nem a instituições sociais específicas. A compreensão do comportamento individual partia do princípio de que indivíduo e sociedade constituem-se mutuamente, não sendo entidades distintas. Na perspectiva relativizadora desses autores, a cultura ocidental não deveria ser tomada como o padrão universal para aferição das demais formas de organização social. Era preciso, como escreve Benedict, apostar na tolerância entre modos de vida e na coexistência dos distintos, porém igualmente válidos, padrões culturais da humanidade.

Alguns anos mais tarde, já no âmbito da Segunda Guerra Mundial, as concepções e métodos de pesquisa da Escola de Cultura e Personalidade passaram a ser direcionados para os estudos de "caráter nacional". É, sobretudo, esse desdobramento que exerce influência decisiva sobre o trabalho de Almond e Verba e, conseqüentemente, sobre sua definição de cultura política. A noção de caráter nacional vinha tentar suprir uma lacuna dos estudos de cultura e personalidade, que pareciam não dar conta, por trabalharem por meio de métodos de observação direta, de definir aquilo que haveria de comum na cultura compartilhada por cidadãos de uma sociedade/nação contemporânea. A maior ou menor homogeneidade de um caráter nacional dependeria do grau de uniformidade e controle dos governos sobre os indivíduos e a sociedade. Havia, nessa abordagem, o pressuposto de que cada membro da sociedade é representativo de um padrão cultural mais amplo, apreendido por meio de processos de socialização e comunicação. Por isso mesmo, a definição dos padrões culturais que compõem um caráter nacional dependeria menos de pesquisas quantitativas, de grande amplitude, do que de investigações de experiências subjetivas, feitas em profundidade e de forma multidisciplinar.

Naquele momento de perplexidade, marcado pela experiência traumática de uma guerra mundial, tornava-se necessário pensar o papel político dos Estados-nação. Cada vez mais, constatava-se que indivíduos e grupos orientavam suas ações em função dos chamados "valores nacionais". Para Margaret Mead, o valor dos estudos de caráter nacional estava justamente na sua busca por compreender "como os comportamentos culturais são representados na estrutura intrapsíquica dos indivíduos de uma cultura".

Embora com abordagens e métodos de pesquisa diferentes, a reflexão de Almond e Verba sobre cultura política caminha na mesma direção dos estudos de caráter nacional. Inspirados por esses trabalhos, os autores importam o conceito de cultura da antropologia, no sentido assumidamente simplificado de "orientação psicológica em relação aos fatos sociais", considerando a existência de padrões de comportamento relativamente estáveis e consistentes em uma determinada sociedade. A "política", por sua vez, é concebida como uma esfera autônoma que, por isso mesmo, poderia ser percebida, analisada e avaliada pelos indivíduos desta sociedade.

Cultura política, portanto, remete a uma orientação subjetiva em relação a um determinado sistema político. É preciso ressaltar, porém, que a utilização do conceito por Almond e Verba está vinculada a uma preocupação quanto às condições de desenvolvimento dos sistemas políticos democráticos. Dessa forma, em sua própria gênese, o conceito de cultura política não pode ser dissociado do modelo de comportamento político presente nas democracias participativas. Diferentemente da noção antropológica de cultura que traz implícita a idéia de relativização, Almond e Verba propuseram que a cultura política democrática — ou cultura cívica, para usar a terminologia dos autores — é uma conquista da sociedade ocidental. Seu projeto era entender como essa cultura tem sido (ou não) absorvida nas sociedades contemporâneas. Nos países que passaram por regimes autoritários, os estudos de cultura política voltaram-se para análises da presença e difusão de valores democráticos na sociedade. No caso específico da transição latino-americana, várias pesquisas tiveram como foco o processo de transição político-institucional e as mudanças (ou não) de atitude frente à democracia.

A maior parte dos antropólogos brasileiros tem evitado o uso do conceito de cultura política. Em alguns casos, usa-se o termo frouxamente, sem remeter à sua origem e conceituações fundamentais formuladas por Almond e Verba. Assim, privilegia-se a força do conceito antropológico, que entende cultura como rede de significados que dá sentido à percepção da realidade. A palavra "política" compõe o conceito apenas reforçando o fato de que trata-se de valores e práticas presentes na esfera das atividades políticas, no sentido institucional do termo (eleições, representação parlamentar, organização partidária, funcionamento legislativo etc.).

No Brasil, os estudos de cultura política acabaram restringindo-se ao campo da ciência política, praticamente deixando de lado o debate com a tradição antropológica que, como vimos, teve um papel fundamental para a conformação do seu conceito-chave. A discussão em torno da rentabilidade da noção de cultura política permite retomar de forma produtiva esse diálogo, que valorizaria as análises que pressupõem maior complexidade da vida social, não deixando de lado a dimensão da subjetividade, tanto na antropologia quanto na ciência política.

Sociedade de esquina: um estudo exemplar

Um exemplo magistral de análise no campo da antropologia política é o livro *Sociedade de esquina* (*Street Corner Society*), de William Foote Whyte (1914-2000), publicado em 1943. Embora geralmente rotulado como um estudo de sociologia urbana, o autor foi diretamente inspirado pela antropologia. Whyte fez uma extensa pesquisa de campo com observação participante em um pequeno distrito na área de Boston, Estados Unidos, marcado pela imigração italiana e pelas condições de vida deterioradas em relação à sociedade mais abrangente. Em meio a um grupo de jovens rapazes do local, Whyte analisou a vida nas esquinas de "Cornerville", nome fictício que deu ao local, bem como a sua relação com os mundos do crime e da política. Para observar este último mais de perto, voluntariou-se como secretário no comitê de um candidato ao senado. Engajando-se na campanha, acompanhou o candidato em eventos, redigiu atas de reuniões, fez entrevistas com cabos eleitorais, familiares, assessores, ex-parlamentares e outros candidatos ligados ao distrito. O material etnográfico tinha como foco as redes sociais e suas divisões, com fortes vínculos com o mundo dos gângsgteres, mafiosos e outros criminosos ligados ao tráfico de mercadorias e jogos ilegais.

As relações dessas redes eram constituídas com base em trocas de favores, sendo o alistamento e a participação eleitoral uma condição essencial em um contexto de voto não obrigatório. Segundo os informantes de Whyte, no início do século XX, as organizações mafiosas tinham tal controle sobre os eleitores que eram capazes de transferir os votos dos democratas para os republicanos "da noite para o dia". Mesmo depois da mudança nas políticas governamentais que geraram novas agências de assistência à população, os políticos continuavam exercendo influência nos escalões públicos, sendo capazes de apressar ou intermediar a conquista de empregos, soltura de presos ou promoções de funcionários públicos.

No período em que a pesquisa foi feita, entre 1939 e 1940, parecia existir apenas dois caminhos possíveis para futuros empreendedores na política em Cornerville: o Partido Republicano e o mundo dos negócios, de um lado, e o Partido Democrata e o mundo dos gângsteres, do outro. Somente no segundo caso, em que também eram acionados clubes políticos e gangues de jovens, era possível obter a maioria dos votos dos moradores do distrito, onde, como afirma a mulher de um senador ouvida na pesquisa: "O que conta não é o que você sabe, mas quem você conhece."

Whyte nos ajuda a compreender essa afirmação, explicando as práticas e representações sobre a política em Corneville através das redes de obrigações mútuas. Ele faz isso examinando a política dentro da lógica da sociedade local, isto é, observando como valores morais relacionados à família, às relações de trabalho e de amizade são também fundamentais na esfera das atividades políticas.

Em Cornerville, por exemplo, as funerárias estavam nas mãos de políticos ou de seus aliados. Era tão importante financiar enterros quanto freqüentá-los, demonstrando pesar e apreço pelo falecido, por seus amigos e familiares. Esses são também rituais em que se atualizam laços e se demonstram publicamente alianças. Whyte cita uma ocasião em que a maioria dos políticos locais evitou comparecer ao enterro de um gângster aliado com medo de sair nos jornais e ser associada ao crime organizado. O único senador que compareceu ao funeral teve seu comportamento elogiado pelos membros da comunidade por demonstrar que a lealdade aos amigos deveria estar acima de vaidades e cálculos racionais quanto a ganhos pessoais. Dentro dessa mesma lógica, o senador justificou sua presença em nome de uma "dívida de gratidão".

As relações de lealdade estão justamente entre as preocupações centrais de *Sociedade de esquina*. Como se dão as disputas e trocas baseadas em laços de lealdade? Como operam? Quais relações têm primazia sobre as outras, em quais momentos e contextos? Diversas variáveis fazem parte desse jogo, como os vínculos familiares, a identidade étnica, os grupos geracionais, ou aqueles ligados aos projetos educacionais, no trabalho ou na política.

Whyte põe em evidência as tensões e conflitos decorrentes desses múltiplos vínculos. No caso da política, em especial, ele retoma o problema central do dilema da representação: manter-se fiel ao grupo de origem e fracassar nos demais níveis de negociação política; ou ampliar suas redes fora da comunidade local, mas correr o risco de enfraquecer seus laços com a mesma? No caso de Cornerville e de tantas outras localidades nas quais os políticos têm obrigação de distribuir favores, empregos e bens, inclusive dinheiro, esse dilema é vivido de forma particularmente aguda. Os recursos são escassos e as demandas chegam de todos os níveis das redes às quais o político está vinculado.

Para ampliar seu apoio, o político deve favorecer pessoas em posição de liderança, isto é, estrategicamente situadas na organização social, em outros grupos que não apenas o seu. Quanto mais conexões e interações com diferentes grupos, maior a progressão na carreira. No entanto, uma conseqüência disso é que a relação com seu grupo original se enfraquece e precisa de um novo líder e mediador. Alguns políticos podem tentar manter o contato pessoal e direto com a população, evitando lideranças intermediárias, mas são raros os que conseguem conciliar essa atividade com as outras demandas do mandato. Um exemplo interessante dessa dificuldade aparece em uma campanha descrita por Whyte em que o político evitava criar uma hierarquia de comando em sua equipe. Como resultado, cabos-eleitorais, assessores e voluntários passavam mais tempo disputando a proximidade com o chefe-candidato do que exercendo suas atividades. Por contraste, em um outro grupo político, ao traçar o organograma da equipe de campanha observamos sua extrema semelhança com a hierarquia da sociedade mais ampla a que estava relacionado.

Whyte estuda não apenas as relações dos candidatos com suas bases, como também os processos de competição entre os próprios políticos. Chama atenção a existência de candidatos fantoches, cuja presença na lista eleitoral serve de moeda de troca estratégica entre os adversários. Pagamentos, favores ou acordos podem colocar ou retirar esses candidatos da disputa, causando transferência de votos e afetando o resultado eleitoral. O dinheiro tem um papel central nesse mundo da política, envolvendo financiamentos de campanha, compra de votos e de favores. No entanto, sua troca está profundamente interligada às relações pessoais e, muitas vezes, aparece na forma de bens e vínculos baseados na noção de honra. Um exemplo disso é que a "compra" de uma candidatura, isto é, o custo de tirar um candidato inconveniente da disputa eleitoral, era freqüentemente paga não com dinheiro vivo, mas com atos de cortesia e amabilidade, como presentes em forma de roupas masculinas (terno, chapéu e sobretudo).

Um ponto alto do estudo de Whyte é a análise dos comícios políticos em Cornerville e arredores. Várias regras e rituais descritos permanecem atuais para o estudo da política contemporânea, inclusive a brasileira, como veremos adiante. A organização do ambiente, a presença de artistas e shows populares, a hierarquia do palanque, o ritual das falas e discursos, o comprometimento da platéia com os candidatos, o apelo aos sentimentos e à emoção, a ênfase nos vínculos dos políticos com as comunidades presentes, o reforço das obrigações de dívida, honra pessoal e valores morais — todos esses aspectos são abordados pelo autor através de dados obtidos em observação participante aliados a análises detalhadas dos discursos proferidos, das disputas envolvidas e das mudanças de conteúdo à medida que a campanha se aproxima do final.

O dia da eleição serve de pretexto para Whyte discutir as formas de controle sobre os eleitores, os esquemas de fraude e corrupção. Registros falsos, organizações judiciais vinculadas ao crime, compra e repetição fraudulenta do voto são algumas das práticas descritas com detalhes. O autor não está preocupado em condená-las, mas em entender como a população lida com elas: "De um modo geral, as pessoas em Cornerville concordam que a 'repetição' [do ato de votar] é 'errada'. Mas a justificativa dada a ela é: se você não roubar a eleição, alguém vai fazer isso." Nesse contexto, escreve o autor, "a eleição não é vista como uma oportunidade que as pessoas têm de exercer a livre escolha, mas como uma luta pelo poder e o prestígio na qual a vitória deve ser conquistada a qualquer preço".

As redes de obrigações mútuas vão se conformando nesse processo de luta pelo poder. A população reconhece sua obrigação de votar e, em certos casos, até de prestar serviços gratuitos ao político que lhe faz favores. Os políticos, por sua vez, têm dificuldade em arcar com suas obrigações. Quanto maiores as suas redes de relações pessoais, menores os custos financeiros. O pagamento em dinheiro ocorre principalmente onde os vínculos são mais tênues do ponto de vista moral. Whyte documenta casos de eleitores comprando favores de políticos, mas também de políticos comprando favores de outros políticos, funcionários e eleitores. O favor pago, no entanto, obriga menos que aquele que se faz de graça. Quando se recebe dinheiro do político, fica mais difícil cobrar o favor desejado depois, como um emprego, por exemplo. Afinal, a remuneração financeira pode encerrar o ciclo de obrigações mútuas. Já o favor gratuito, não. Como afirma um rapaz de uma das gangues estudadas: "Às vezes, os políticos querem te dar dinheiro se você trabalha para eles, ... mas se você é esperto, não pega o dinheiro, e então pode ser que tenha chance de conseguir alguma coisa."

O objetivo de Whyte é justamente mostrar que não devemos superestimar a eficácia das relações econômicas no jogo político, pois o dinheiro por si só não é capaz de criar laços e obrigações sociais. Segundo essa lógica, as pessoas que fazem favores não remunerados são superiores do ponto de vista moral frente àquelas que o fazem por dinheiro, e isso as hierarquiza nas redes de relações e obrigações. Uma conclusão importante do autor é que a política e os políticos criam e fortalecem grupos e relações, mas não operam em uma esfera autônoma. Ao contrário, precisam sempre levar em conta a organização social da comunidade onde atuam. Portanto, o antropólogo que observa o mundo da política está necessariamente lidando com regras e representações sociais mais amplas da sociedade estudada.

A antropologia da política no Brasil

Na década de 1990, encerrado o regime militar e restaurada a democracia, os antropólogos brasileiros parecem ter renovado seu interesse pela política. Diversos trabalhos importantes foram produzidos no período, tendo como foco principal análises etnográficas a respeito das práticas políticas, seja em pequenas localidades rurais, seja nas grandes metrópoles e centros urbanos. Esse conjunto de trabalhos autodenominados de "antropologia da política" tiveram sua institucionalização mais importante no Núcleo de Antropologia da Política (NuAP), sediado no Museu Nacional da Universidade Federal do Rio de Janeiro (UFRJ), mas envolvendo grupos em outras universidades federais, como as de Brasília, Ceará e Rio Grande do Sul.

O objetivo do NuAP, como definiu uma de suas fundadoras, Mariza Peirano (UnB), era partir da "suposição básica de que a categoria política é sempre etnográfica". Ao investigar a política sancionada pelos padrões ocidentais modernos, "deslegitimando pretensões essencialistas, sociocêntricas e conformistas", revela-se que a própria percepção da política como uma esfera social à parte de outras esferas é produto dessa ideologia moderna. No caso brasileiro, alerta Peirano, o antropólogo enfrentaria uma "combinação complexa" de universalismo científico e ideologia nacional de moldes holistas que informam e se combinam em seu objeto de estudo de múltiplas formas.

Essa combinação tem sido observada em muitos estudos empíricos, desde o clássico *Coronelismo, enxada e voto*, de Victor Nunes Leal, de 1949, até as recentes monografias e coletâneas publicadas no âmbito do NuAP, como *Antropologia, voto e representação política*; *Candidatos e candidaturas*; *Como se fazem eleições no Brasil*; e *Política no Brasil*. Nesta agenda de pesquisa, privilegiam-se os métodos de observação participante e as análises comparativas, buscando elaborar "visões sociologicamente positivas do lugar da política na sociedade e cultura brasileiras", como escreveu Moacir Palmeira em "Voto: racionalidade ou significado", de 1992, um texto seminal para a área.

A partir de pesquisas etnográficas, Palmeira sugere que, para refletirmos sobre as práticas políticas na sociedade brasileira, especialmente aquelas identificadas como "tradicionais" e "clientelistas", deve-se chamar atenção não tanto para a dimensão individual, racional, do voto, mas para seu valor como um ato de *adesão* às facções sociais. A adesão seria um processo de comprometimento mais amplo, envolvendo não apenas o indivíduo, mas quase sempre também sua família, suas redes de relações e outras unidades sociais significativas, sem que se exclua a possibilidade de os conflitos interferirem decisivamente nesse contexto. Para o autor, a compreensão do comportamento eleitoral dependeria da adoção de uma perspectiva mais "socio-lógica", em que as ações dos eleitores fossem percebidas segundo as estruturas "sociais e simbólicas" que as circunscrevem, atravessando "diferentes unidades sociais, individuais ou não, incutindo-lhes significado".

Em análises centradas nos momentos eleitorais em pequenas cidades no interior do Brasil, Moacir Palmeira e Beatriz Heredia têm desenvolvido o conceito de *tempo da política* para designar os períodos em que a população percebe a política e os políticos como parte da sua vida social. Nessas sociedades, que teriam como valor a união e a estabilidade (representadas muitas vezes sob a forma do modelo familiar), a política é vivida como um fenômeno sazonal por estar identificada com a divisão e o conflito. Dessa forma, os autores chamam atenção para a política tal como ela é experimentada dentro de um universo cultural e histórico específico. Os eleitores deixam, assim, de ser os seres abstratos que aparecem com freqüência em análises formalistas da democracia. A investigação antropológica da política passa a concentrar-se não no isolamento de temas e fenômenos, mas justamente no seu entrelaçamento. Podemos escapar de julgamentos etnocêntricos sobre como votar certo ou errado, sobre se uma campanha é eticamente correta ou não, percebendo, em seu lugar, que existem diferentes percepções e práticas da política, cabendo ao pesquisador encarálos como concepções que nos ajudam a entender os agentes em jogo e suas ações.

Em análise sobre "Os comícios e a política de facções", Palmeira e Heredia observam a relação da população de comunidades rurais com o período eleitoral, revelam a percepção da política e de seus profissionais como elementos externos, que reorganizam o espaço social e invadem o cotidiano, subvertendo atividades como festas, cultos, enterros e reuniões de família. O fundamental é perceber que "na disputa faccional ... está em jogo menos uma disputa eleitoral *stricto sensu* do que a afirmação do peso relativo de diferentes partes da sociedade uma diante das outras, o que é decisivo para a ordenação das relações sociais". A etnografia revela que a política está imbricada de relações sociais e é por estas ao mesmo tempo produzida, atualizada e transformada. Por meio da análise dos comícios como rituais, Palmeira e Heredia discutem como esse universo de vocabulário específico (facções, comícios, carreatas, palanques etc.) se relaciona com as sociedades locais produzindo percepções de tempo e espaço, mas principalmente identidades, redes e hierarquias nas relações sociais. A partir da interpretação dos discursos de palanque e suas formas de elocução, revelam-se as práticas da política brasileira comprometidas com acusações de cunho moral e promessas que se constroem em função de adversários. Sobretudo, os comícios dramatizam as relações entre os "de cima" (do palanque) e os "de baixo" (do público) como relações de hierarquia na sociedade brasileira, onde se reafirmam posições, composições (tipos de pessoas) e linguagens que distanciam o universo dos "patrões" dos demais "excluídos".

Em "Política ambígua", Palmeira e Heredia retomam essa temática, desvendando concepções de política que revelam o caráter fortemente hierarquizado da sociedade brasileira, para a qual "política é assunto de muitos (ainda que por determinado período), mas é responsabilidade ... de poucos". Os conflitos precisam ser gerenciados não por "representantes", como diz a teoria, mas sim por "mediadores", "pessoas 'poderosas', de muito 'conhecimento'", que são percebidos como indispensáveis na gestão das relações sociais e no atendimento às demandas da população.

Diversos antropólogos, como Marcos Otávio Bezerra (em *Corrupção* e *Em nome das bases*), Carla Teixeira (*A honra da política*) e Christine Chaves (*Festas na política*) têm colocado em prática as premissas do NuAP, investigando a política dentro e fora do período eleitoral. Em seus trabalhos, ajudam a compreender os nexos entre a lógica das redes políticas e processos e mecanismos sociais mais amplos da sociedade brasileira. Com os estudos do meio político, os autores mostram a vitalidade da noção de honra e a importância atribuída às relações de caráter pessoal, mais do que opções ideológicas abstratas ou cálculos racionais individuais. Os conceitos são desenvolvidos em sua positividade, isto é, através de seu significado concreto para os atores sociais e não em relação a modelos teóricos sobre o funcionamento do sistema político. Diferentemente das análises que costumam classificar as práticas políticas clientelísticas e personalistas como deturpações de um modelo ideal, os autores revelam que as trocas fundadas a partir das relações pessoais (que, por vezes, mas não necessariamente, se transformam em corrupção) constituem e regulam, em diferentes combinações, o funcionamento das instituições políticas.

Em meu livro, *O cotidiano da política*, pesquisei uma região suburbana do Rio de Janeiro onde a política é entendida principalmente como um meio de acesso aos recursos públicos, no qual o político atua como mediador entre comunidades locais e diversos níveis de poder. Esse fluxo de trocas é regulado pelas obrigações de dar, receber e retribuir, a que o antropólogo Marcel Mauss chamou de "lógica da dádiva", e cujo princípio fundamental está no comprometimento social, para além das coisas trocadas, daqueles que trocam.

As pessoas que participam dessas redes, seja como eleitores, seja como políticos, nunca concordariam com os acadêmicos que classificam suas ações como mero "clientelismo". Do ponto de vista "nativo", os políticos não estão "privatizando bens públicos" (para usar uma definição clássica de clientelismo). Ao contrário, os políticos estão dando *acesso* a bens e serviços públicos a pessoas que não os teriam de outra forma. Nesse contexto, a palavra "público" não significa "recursos que pertencem a todos", mas "recursos monopolizados pelas elites políticas e econômicas". Ou seja, pessoas "ordinárias" — dos estratos inferiores da sociedade — não participariam dessa definição de "público". Por isso mesmo, o acesso às fontes públicas de bens e serviços precisa ser intermediado pelo político e é visto como um bem extraordinário, "que não tem preço".

No entanto, essa rede não se constitui apenas pelo acesso e intermediação de recursos públicos. A distribuição de bens e serviços em locais de "atendimento" como centros de assistência social ou escritórios políticos é prática corrente. Para manter esse tipo de serviço, o político precisa de fortes laços com empresários ou grupos economicamente favorecidos que lhe dê dinheiro ou mercadorias demandadas pela comunidade. Essa ajuda externa é retribuída, por sua vez, também com acessos, em outro nível, ao poder público, na forma de alvarás, licenças, anistia de multas e outros benefícios diversos. Pode também, sem dúvida, em certos casos, caracterizar-se como corrupção.

Venho estudando esse tipo de universo político em diversos trabalhos. O exame de trajetórias individuais de parlamentares, associado ao mapeamento das redes sociais que os rodeiam e sustentam, tem permitido discutir a multiplicidade de percepções e valores associados à prática política. As pesquisas etnográficas realizadas têm como *locus* privilegiado a cidade do Rio de Janeiro que, por seu caráter metropolitano, está marcada por heterogeneidade, fragmentação e diversidade das experiências sociais. Como veremos adiante, dentro dessa convivência de diferentes mapas e códigos de significação da realidade, os parlamentares atuam também como *mediadores* fundamentais entre diferentes níveis de cultura, servindo como tradutores e agentes entre os valores, projetos e dramas da população, de um modo geral, e as esferas constituídas do poder público. Por meio da análise dessas interações, podemos entender as motivações e disposições de atores sociais cuja atividade está diretamente vinculada ao exercício e controle da autoridade e do poder em nossa sociedade.

Rituais e política

Há uma importante tradição antropológica de se estudar a política e sua dimensão ritual, que inclui trabalhos como os de Victor Turner (*O processo ritual*), Edmund Leach (*Sistemas políticos da Alta Birmânia*) e Clifford Geertz (*Negara*). No Brasil, essa abordagem também vem sendo valorizada, como demonstra a *O dito e o feito: ensaios de antropologia dos rituais*, de Mariza Peirano.

Em minhas próprias pesquisas de campo, empreendi um estudo sobre rituais de comensalidade em campanhas políticas, definidos como celebrações que encenam simbolicamente a eleição do político. São eventos marcados pelo consumo de comidas e bebidas por parte de eleitores e candidatos. Os papéis desses personagens são bem definidos, com falas e comportamentos previsíveis. Os cenários são recorrentes, assim como os elementos e participantes acessórios.

Rituais são cerimônias que reforçam e atualizam papéis sociais. Concepções a respeito da política e do mundo social são na maioria das vezes confirmadas, forjando, ainda que temporariamente, a identidade dos participantes como grupo. Há situações, no entanto, em que isso não ocorre, principalmente quando se estabelece um conflito (ou, dependendo da intensidade, um "drama social", nos termos de Turner) a respeito daquilo que está em jogo. No caso das campanhas políticas, "conquistar" eleitores não é a motivação principal desses rituais, uma vez que a maioria dos participantes já está predisposta a votar no candidato celebrado. Sua motivação central é certificar a identidade do candidato como político digno do exercício de um mandato, justamente em um momento em que esta identidade está ameaçada pela aproximação das eleições e pelo caráter secreto do voto. No caso de candidatos à reeleição, trata-se de compensar o enfraquecimento progressivo, a perda crescente dessa identidade, ocorrida ao longo dos anos não-eleitorais e posta em risco pelo novo pleito.

Rituais de comensalidade, assim como outros eventos da campanha eleitoral, procuram compensar o caráter *cíclico* dos papéis sociais na política. Enquanto na maioria das profissões liberais a formação escolar define a identidade profissional, na política essa identidade é muito mais incerta, dependente de forças externas. O clímax desse problema é vivido durante as eleições, quando festas, celebrações e trocas expressam esse estado liminar da identidade dos candidatos com seus eleitores.

Como observaram Palmeira e Heredia, em "Política ambígua", entrar na política é correr o risco de ser derrotado. A própria externalidade da política, como algo para o qual se "entra", dizem os autores, "confirma a idéia de que a política, por ser uma atividade de risco, requer habilidades especiais, só encontráveis nos 'políticos', vale dizer, aqueles que, em uma tradução livre da fórmula de Pierre Bourdieu (1930-2002), 'vivem para a política porque vivem da política'". Ao tomar as dimensões de comensalidade nas campanhas políticas como objeto de análise, temos a chance de observar como esse risco da política é vivenciado pelos atores envolvidos.

Lugares de sociabilidade por excelência — restaurantes, bares, barracas de feiras, salões de festas, quintais e playgrounds — tornam-se locais privilegiados para se fazer política durante a época das eleições. Nesse período, que pode ser mais ou menos marcado como um "tempo da política", segundo cada localidade, a política interfere na leitura dos significados do cotidiano, colorindo a vida social com seus rituais.

Os atos de comer e beber podem significar muitas coisas, inclusive uma declaração de voto. Isso difere, por exemplo, das eventuais doações de alimentos por parte de políticos, pois não há nestas o sentido de "comer junto", compartilhando um mesmo espaço e tempo de convívio. Em momentos nos quais o político paga "rodadas de cerveja", de "chimarrão" ou churrascos, estamos diante de situações híbridas, pois o candidato aparece ao mesmo tempo como doador e comensal do bem distribuído.

Comícios, shows, festas e leilões são outras formas lúdicas de fazer ofertas aos eleitores. A competição pela compra de frangos em leilões no Nordeste brasileiro, narrada por Marcos Lanna em *A dívida divina*, mostra a disputa por prestígio entre os políticos e chefes locais. Ganha quem compra a maior quantidade de frangos, humilhando os adversários. O dinheiro arrecadado reverte para a paróquia e simboliza a "generosidade" do político. Os moradores assistem, dançando forró e acompanhando a disputa, em uma divisão de papéis que reforça o distanciamento dos envolvidos. A música, o "espetáculo" da competição e o dinheiro da paróquia são os bens doados.

As festas dos ranchões em Buritis (MG), investigadas por Christine Chaves, são eventos promovidos pelos partidos para festejar e promover seus candidatos. Diz o saber local que "ganha o partido que tiver a festa mais animada e o candidato que mais dançar". Nessas ocasiões, lembra-se um tempo em que o "bom político" era aquele que oferecia "banquete" e "comida farta para todo mundo", causando até estranheza aos mais antigos "políticos não fornecerem alimento para os eleitores". Nos ranchões, elogia-se o político que "é capaz de comer do mesmo prato, beber do mesmo copo"; que "entra na casa, vai até a cozinha beber o café"; que "bate nas costas e paga bebida". Chaves observa as atitudes do político na festa: "A mesma intimidade, falta de orgulho, o político exibe na festa, em que chama pelo nome, ri, dança e comunga da alegria com os demais, no rés do chão, de igual para igual. Ele o faz não por palavras, mas em ato, com a corporalidade de sua presença."

Combinam-se aqui doação/hierarquia e congregação/igualdade. Embora dispostos a participar de "igual para igual", os políticos são os promotores do evento que pode ser visto como uma "rodada de cerveja" mais elaborada. Devemos notar que "pagar uma bebida" não é a mesma coisa que "beber do mesmo copo". Ambas são atitudes vistas com simpatia, mas só a segunda exprime um desejo de nivelamento com o universo dos eleitores. A disposição para dançar e beber *junto*, como um convidado qualquer, diferencia a postura desses políticos daqueles que participam dos leilões acima narrados. Nos primeiros temos um prestígio por "humilhação" (falta de orgulho), enquanto nos últimos valoriza-se a hierarquia através do poder econômico (compra de frangos).

Nas festas de campanha urbana, temos sempre muitas ocasiões em que os moradores-eleitores oferecem comida aos políticos-candidatos. A sociabilidade está presente na sua dimensão igualitária, assim como a não-sociabilidade e as diferenças hierárquicas. Minha interpretação é que essas festas encenam, de forma minúscula e estilizada, o próprio ritual da eleição, sendo o momento da votação propriamente dito (isto é, os votos sendo colocados na urna), o símbolo da igualdade entre os participantes; e o momento da ocupação do mandato, o símbolo da sua diferença. Podemos ler a festa como um ritual (em etapas mais ou menos ideais): a) O político faz promessas de bens (ou acessos a bens públicos); b) Os moradores oferecem comida ao candidato; c) Todos comem juntos; d) Os moradores fazem promessas de votos.

Odaci Coradini observou que a visita do político à casa do eleitor muitas vezes é vista como homenagem e reconhecimento prestado pelo candidato ao dono da residência, visto como fonte de votos em potencial. Ser convidado ou "recebido" pelo eleitor é muito diferente de entrar na sua casa "atrás de voto", como critica uma moradora de Fortaleza, entrevistada por Irlys Barreira. Palmeira e Heredia falam desses sentimentos quando contam que a visita de um "doutor" (candidato) que chega "abrindo as panelas" pode tanto provocar um "sorriso de satisfação" (na maioria dos casos) quanto, mais raramente, protestos e indignação ("isso aqui é casa de pobre, mas não é casa da mãe Joana"). Em outro texto, Heredia discorre sobre famílias que "contabilizam o número de visitas recebidas", como sinal do seu próprio prestígio, enquanto outras lamentam o fato de "ninguém ter vindo a sua casa".

Como convidado dos moradores, o político-candidato perde temporariamente a força de sua reputação, sendo colocado em uma posição de fragilidade/dependência em relação aos moradores-eleitores. Assumir essa identidade, própria da campanha eleitoral, significa aceitar os votos dos moradores e, conseqüentemente, aceitar a posição de *devedor* após a obtenção dos votos. Por isso, participar da festa é uma forma de contrair dívidas para o período do mandato, quando sua identidade é fonte de recursos e acessos ao poder público.

Participar de uma festa em que eleitores oferecem comida e bebida é uma forma de o candidato se "prender" a esses eleitores, assumindo publicamente uma dívida para com eles. A presença demorada do candidato na casa do eleitor reforça o prestígio deste dentro do seu próprio universo de vizinhança. O tempo do político em campanha — um bem escasso por excelência — é despendido naquele espaço, "prendendo" o compromisso entre candidato e eleitores. De forma complementar, o político espera que sua presença naquele local seja prolongada por meio da colocação de faixas e cartazes da campanha nas casas e ruas próximas. Nesse tipo de encontro, portanto, existe uma tensão entre os papéis de doador e receptor dos bens trocados, onde cada personagem procura valorizar seus bens em relação aos demais.

As festas e encontros de campanha permitem retomar a discussão entre sociabilidade e ritual. Freqüentemente, dentro do processo ritual, existe um *espaço de sociabilidade*, onde os participantes encenam, através de regras e coreografias precisas, algum valor ou papel social. Em *O processo ritual*, Turner define essa celebração do coletivo como *communitas* — um espaço/estado símbolo da igualdade entre os homens, em que se experimenta a suspensão da estrutura social. Ao falar da sociabilidade, Georg Simmel (1858-1918) não se referiu a um conjunto de relações determinado, mas a situações sociais temporárias, interações onde se encontram condições "artificiais" de sociação. Estaríamos, como tantas vezes nos remete o ritual, em um "mundo sociológico ideal", expressando a mais pura relação entre iguais. O próprio Simmel, portanto, define indiretamente a "sociabilidade" como um evento-ritual, onde estão suspensas identidades e interesses da lógica do cotidiano.

Dentro do processo eleitoral, esse pequeno evento tem lugar no período que antecede as eleições — momento em que todos comerão/votarão juntos ou não. O compartilhar da comida na festa/reunião simbolizaria a igualdade dos votantes no momento da eleição. Não se trata simplificadamente de um ritual de celebração dos valores democráticos. Existe uma encenação da igualdade, mas essa igualdade é *temporária* e *liminar*, reforçando diferenças duradouras impregnadas nos papéis sociais em jogo.

As diferenças se alternam no jogo de identidades e reputações positivas e negativas e seriam análogas àquelas vividas pelos candidatos no processo eleitoral como um todo. Durante a campanha, desenrola-se um ritual de perda e reforço da identidade do candidato como político. Quando o político é bem-sucedido na eleição, seguem-se novas etapas.

No primeiro momento, temos a campanha eleitoral. Ocorre a perda progressiva da identidade como político, entendendo que essa identidade é dada pela noção de "acesso" a bens de diversos tipos, sendo os recursos do poder público o que há de maior valor. Se o candidato depende dos votos para manter o *acesso*, isso é sinal de que sua identidade se enfraquece à medida que se aproximam as eleições e o momento da votação. É nessa primeira fase (da campanha eleitoral) que ocorrem as festas e reuniões de comensalidade.

Para a aproximação com os eleitores, muitas vezes a participação da família do candidato é fundamental. Ela parece reforçar a necessidade do candidato de se fazer "representante" de uma coletividade e, em certos casos, de valores dessa coletividade. A presença de familiares nos eventos e até na assessoria de campanha evita que o político circule desacompanhado — situação que poderia abalar seu prestígio.

A votação propriamente dita é o momento preciso em que se materializa a perda da identidade do candidato — os votos simbolizam o término dos mandatos vigentes. Da votação à apuração e divulgação completa dos resultados — tempo que a urna eletrônica tornou cada vez menor — existe uma suspensão das identidades e o político/ocupante de mandato encontra-se temporariamente em estado liminar. Insegurança, mudez, isolamento, ansiedade, ausência de apetite são algumas das expressões dessa liminaridade. Em geral, é possível compensar essas sensações desagradáveis participando do processo de apuração, indo às zonas eleitorais acompanhar a fiscalização, como se fosse possível reverter ou apressar os resultados. Em outros casos, simplesmente não se faz coisa alguma, aguardando-se solitariamente o momento da divulgação da contagem final para a "volta ao mundo" — seja ele o da política ou o mundo da vida privada.

Finalmente, apurado um resultado positivo, o político recupera o mandato eletivo, saindo de todo o processo com sua identidade e prestígio reforçados. O maior ou o menor prestígio também podem ser avaliados pela interpretação dos resultados: a comparação com os números da eleição anterior, a distribuição dos votos, a colocação dentro do partido e na classificação geral, entre outras.

Na etapa posterior, de exercício do mandato, são freqüentes os almoços e jantares com companheiros de partido, membros do poder executivo e políticos em geral. Diferentemente das festas e encontros de campanha, essas refeições são realizadas em restaurantes ou ambientes privados, em pequenos grupos. As diferenças de forma (grupo amplo *versus* restrito), de designação (festa/reunião *versus* almoço/jantar) e de convidados (eleitores *versus* políticos) distinguem os dois tipos de comensalidade e apontam também para o papel de cada uma: enquanto a primeira gira em torno de votos, a segunda tem por motivação principal reforçar o sistema de *acessos*. Mesmo durante as campanhas, essa distinção pode ocorrer, com agendas de candidatos que classificam eventos como visitas, carreatas, debates e almoços ou jantares. Estes últimos referem-se majoritariamente a encontros com potenciais financiadores de campanha, sendo vedada a presença de eleitores.

Não por acaso, a abertura de um ano legislativo costuma ser celebrada com um "coquetel" para políticos, autoridades, familiares e assessores. Embora não configure uma refeição, o coquetel também é um ritual próprio do período pós-eleitoral. Vedado à participação geral de eleitores, seu principal objetivo é promover uma confraternização entre os próprios políticos. Nesses eventos, políticos e "autoridades" são o centro das atenções, tendo seu prestígio reforçado por situações de respeito e deferência por parte dos demais participantes. Participar do evento e, dentro dele, do espaço simbólico reservado às "autoridades", reitera a identidade do político como alguém que tem *acesso* ao poder.

Assim, rituais de comensalidade entre os próprios políticos e demais personalidades do poder público reforçam a identidade do político como detentor de *acessos*. Esse estágio, que parece encerrar o ritual, é a preparação necessária para que o ciclo de interações recomece, com novas campanhas, candidatos, eleitores, eleições e resultados das urnas.

Ao examinar um evento político específico e circunscrito, tomando como chave a noção de que a vida política é feita de encenações rituais, observamos as relações entre os indivíduos como pessoas *sociais*. Levando em conta que "o dito é também o feito", como afirmou Peirano, atitudes, gestos e falas de eleitores e candidatos podem ser tomadas como símbolos que nos ajudam a entender o significado etnográfico da política.

Política, espaço urbano e mediação

Quais as características específicas da agenda da antropologia da política em meio urbano? A observação participante em grandes cidades requer a compreensão das diferenças culturais entre os vários segmentos da população, bem como as representações e práticas políticas a estes associadas. Ao acompanhar candidatos e ocupantes de mandato em uma metrópole, o antropólogo encontra diferentes universos de eleitores, bem como importantes distinções espaciais impregnadas de significados.

Análises sobre o modo de vida metropolitano têm enfatizado justamente a dimensão do anonimato e do individualismo. No entanto, mesmo dentro de uma cidade há ambientes com características de sociabilidade personalizadas e holistas. Esses espaços, simbolicamente distantes, assemelham-se mais aos modos de vida "interioranos", com um repertório de valores tradicionais, laços de vizinhança e solidariedade. O cotidiano de certos bairros é valorizado por seus valores "familiares", sua tranqüilidade, pela religiosidade de seus moradores, pela existência de espaços de convivência coletivos, como as praças e campos de esporte, e privados, como os quintais e jardins de casas particulares.

Mapas subjetivos da metrópole seguem uma certa "organização moral", baseada nos hábitos, costumes e estilo de vida de seus habitantes. Diferentes regiões e bairros da cidade se distribuem segundo um "mapa de prestígio". Na maior parte das vezes, os locais onde vivem a elite são um símbolo da vida "sofisticada" e "cosmopolita".

Na prática política, podemos observar como se atualizam as diferenças culturais entre os espaços sociais da cidade. As motivações políticas dos atores sociais estão intimamente relacionadas à sua sociabilidade, crença religiosa e visão de mundo. Assim, a organização do espaço urbano reflete essa cosmologia e acaba por moldar também o exercício da política. Um elemento fundamental nesse espaço é a circulação de informações através dos meios de comunicação de massa. Para certos atores, o contato com a população é mediado principalmente pelo acesso a esses meios (redes de TV, rádio e jornais, principalmente), embora a popularização da internet já tenha provocado alterações nesse aspecto.

Há uma certa ordem na relação entre prática política, universos culturais e espaço urbano. Embora estejamos sempre atentos para a complexidade da vida metropolitana, muitas vezes deixamos de perceber quais são as alternativas concretas de seus habitantes. No que diz respeito às opções políticas, o comportamento eleitoral — entendido aqui de uma forma ampla, e não apenas como um conjunto de números — está diretamente associado à experiência urbana e aos universos culturais e sociais a ela associados. Embora vivendo na mesma metrópole e compartilhando o pertencimento à sociedade e cultura brasileiras, os habitantes da cidade têm diferenças significativas em termos de *ethos* e estilo de vida que repercutem e se expressam nas suas concepções de participação política.

É dentro desse contexto que freqüentemente atua a figura do político-mediador. É comum que a população procure o político — em especial o parlamentar local — para intermediar seu contato com as diversas esferas do poder público. Na maior parte das vezes, trata-se de um segmento da população que vive em áreas da cidade com menor valor na escala de prestígio social do mapa urbano. Muitos assessores de políticos percorrem essas áreas em busca de contatos e problemas que requeiram a ação de um político-mediador.

Nesse caso, é fundamental que o político seja capaz de transitar pela cidade, física e simbolicamente. É preciso que ele encontre pontos de contato e comunicação entre diferentes mundos, produzindo novos resultados a partir desse processo. Essa é a tarefa básica do mediador. Sua atuação é mais ampla que a de um intermediário, que apenas transporta informações de um lado para o outro. A interferência do mediador é criativa, gerando novos valores e condutas.

No campo da arte e da cultura, essa característica tem sido ressaltada com bastante ênfase, seja em trabalhos clássicos, como o de Mikhail Bakhtin sobre Rabelais, seja em investigações do cenário brasileiro, como as de Hermano Vianna sobre o mundo musical. Nas relações de trabalho, o mediador também aparece como um personagem importante em negociações entre patrões e empregados, articulando categorias e códigos que afetam o destino e a percepção da realidade dos envolvidos.

Na antropologia da política, muitos tipos de mediadores têm sido identificados. Há, por exemplo, os *political middlemen* ou os ocupantes dos *inter-hierarchical roles* do sistema colonial britânico na África, identificados por Max Gluckman e Paul Friedrich, respectivamente. No contexto latino-americano, a ação de *brokers* e outros tipos de agentes "especiais" é chave para entendermos as relações hierárquicas entre membros das mesmas redes sociais, como têm demonstrado diversos autores.

Qual a motivação desses mediadores em promover entendimento e comunicação entre diferentes grupos e reduzir distâncias culturais? Em todos os casos investigados, fica claro que o mediador usufrui uma inserção social privilegiada. Seu papel é estratégico, uma vez que suas decisões podem interferir e influenciar a vida e o prestígio daqueles que estão em seu campo de ação, seus contemporâneos.

Circular entre múltiplos mundos e níveis de cultura é uma possibilidade mais ou menos aberta a todos os habitantes da metrópole. O mediador, porém, não apenas se move, mas estabelece pontes de comunicação entre os universos pelos quais transita. Em sociedades com predomínio de ideologias individualistas, nas quais os atores têm maiores possibilidades de exercer escolhas, a ação do mediador deve ser entendida como um projeto, mais ou menos consciente. Embora restrito às possibilidades do quadro social e histórico em que está situado — um "campo de possibilidades", na expressão de Gilberto Velho —, o projeto põe em evidência a capacidade dos indivíduos planejarem seu futuro e, com isso, contribuírem para dar sentido a suas experiências fragmentadas. É a partir desse projeto, ou "plano de vida", que o mediador organiza seus interesses e estrutura seu estoque de conhecimento social para interagir com os outros.

Certamente, nem todos os políticos são mediadores. A trajetória como mediador está relacionada a um projeto específico. À medida que ganham experiência no mundo da política, muitos percebem que uma das estratégias para se tornar um político bem-sucedido é ampliar ao máximo sua esfera de relações. Assim, procuram sempre acrescentar novas redes sociais ao seu círculo de contatos, sem anular aquelas já consolidadas por experiências anteriores. Investindo em seu papel como mediador, o político torna seu mandato um espaço de convergência, estabelecendo pontes e conexões entre pessoas, instituições e saberes oriundos de diversos universos culturais. Com esse projeto, muitos conquistam e consolidam alianças em setores do poder público essenciais para o atendimento das demandas de seus eleitores.

Observação participante no campo da política

O problema de como lidar com o etnocentrismo do pesquisador está no centro das preocupações da antropologia da política. Como fazer para que o antropólogo não leve irrefletidamente para o trabalho de campo as concepções de poder e política em que foi socializado como cidadão? Esbarramos aqui na dificuldade de "afastar sistematicamente todas as pré-noções", como nos recomendava Émile Durkheim (1858-1917), tarefa talvez ainda mais difícil quando se trata de estudar um tema como a política em nossa própria sociedade.

O pesquisador leva para o campo um conjunto de informações sobre política acumuladas ao longo de sua vida, apreendidas do senso comum, em conversas, nos jornais, na literatura política e em outros meios de informação. No caso de pesquisas junto a universos de prática política de bases clientelistas, é muito provável que o pesquisador seja identificado pelas pessoas estudadas como parte de um grande grupo acusatório, identificado com um universo mais intelectualizado, urbano e elitista. Isso pode ser observado pelo tom defensivo que muitas vezes se explicita em falas e comportamentos "nativos".

Mais uma vez, chamamos atenção para o fato de que a metrópole permite, em um grau elevado, que o pesquisador circule por diferentes universos, com tradições culturais e visões de mundo distintas. Muitas vezes, porém, ele encontra diferentes níveis de compreensão sobre o que acredita ser o "familiar" e o "exótico" dentro da cidade. Conforme aumenta a sua experiência no campo, o pesquisador aprofunda sua compreensão, percebendo que naturalizou certos significados e ignorou outros.

Essas mudanças também ocorrem no sentido inverso: os "nativos" também transformam sua percepção e modo de lidar com o antropólogo e seu trabalho. Em muitos casos, a identidade inicial atribuída ao pesquisador vai sendo modificada não apenas em função do tempo despendido na pesquisa, mas também de situações vividas em campo. No universo da política, existe uma clara distinção entre o mundo "de dentro", ou os "bastidores", e o mundo "de fora", onde se atua para a "platéia", para usar termos consagrados por Erving Goffman (1922-82). Não raro, os papéis são invertidos segundo esses planos.

Essa situação também coloca em xeque a idéia de que o pesquisador possa ser um elemento neutro. Mesmo trabalhando em sua própria cidade, a "invisibilidade antropológica" é uma meta utópica. Em vez de perseguir uma neutralidade impossível, é tarefa do pesquisador refletir sobre as posições e identidades que lhe são conferidas ao longo do trabalho de campo, levando em conta as mudanças de tempo e espaço envolvidas. Esta é justamente uma das chaves centrais para compreender a relação entre os envolvidos.

Durante o trabalho de campo, pesquisador e pesquisados passam por um processo mútuo de conhecimento, que vai redefinindo as identidades de um em relação ao outro. O aprendizado de códigos e valores do outro faz-se lentamente, por meio da interação e da convivência. Por mais que existam certas condições sociais previamente dadas, é no imponderável da própria interação que se constroem, se testam, se confirmam e se alteram identidades.

No trabalho de campo o antropólogo está permanentemente envolvido com relações de poder entre os participantes da rede social estudada. Caso esteja em posição de proximidade com o político (que muitas vezes é o chefe de uma grande equipe), o pesquisador passa a ocupar uma posição também de prestígio dentro do grupo. Nem sempre isso é socialmente positivo, diga-se de passagem. Como tudo no campo, essa também é uma posição relativa, que pode atrair ou afastar certos informantes e facilitar ou dificultar o acesso a determinados dados.

A competição entre os membros do próprio grupo estudado pode levar à tentativa de manipulação do pesquisador para fins alheios ao seu trabalho. Observações ou críticas a respeito da vida pessoal e intrigas são comuns a qualquer grupo social. Por isso, é preciso estar atento para essa manipulação de informações — não para simplesmente rejeitá-la, mas principalmente para utilizá-la como material etnográfico, que nos ajuda a entender os significados e motivações do universo estudado. Visões "idealistas" ou "cínicas" ou a falta de consenso existem em todos os grupos sociais, às vezes simultaneamente na mesma pessoa. Portanto, é importante que o pesquisador explore as duas atitudes, sem buscar uma crença mais "autêntica" ou "verdadeira".

Entrevistas em profundidade são um momento privilegiado para compreender esse processo. É preciso, no entanto, ter cuidado para não supervalorizar as entrevistas individuais, imaginando, por exemplo, que são mais confiáveis por serem confidenciais. Deve-se cotejar o material obtido com o comportamento observado em campo e com outras entrevistas, bem como relacionar as diferenças entre as opiniões individuais com a posição ocupada pelos indivíduos dentro do grupo, como já recomendava B. Malinowski (1884-1942). Citando Howard Becker (n.1928), a observação participante tem o mérito de abordar as pessoas "enredadas em relações sociais que são importantes para elas". São justamente essas "restrições sociais" que o antropólogo está interessado em conhecer, pois são elas que tornam "difícil para as pessoas que ele observa fabricarem seu comportamento segundo o que acham que o pesquisador poderia querer ou esperar".

A campanha eleitoral apresenta uma série de obstáculos específicos para a realização do trabalho de campo. Nessa fase, é ainda mais difícil ocupar uma posição "neutra" como pesquisador. Na maioria dos casos, para poder acompanhar as atividades do grupo, é preciso vestir camisetas, usar bonés e *buttons* dos candidatos. A própria identidade do antropólogo como eleitor é questionada pelos assessores e participantes dos universos pesquisados: "Afinal, em quem você vai votar?"

Mas o planejamento do trabalho de campo durante campanhas eleitorais envolve outros problemas, de ordem igualmente importante. A partir de uma reflexão sobre minha própria experiência e de outros antropólogos na observação participante durante campanhas eleitorais, classifico as dificuldades encontradas em sete categorias principais:

1. *A dificuldade de acesso aos candidatos.* A obtenção dos números de telefone e dos e-mails, a não-divulgação da agenda, a ação de intermediários, a desconfiança destes e dos próprios políticos em relação à pesquisa, além da falta de controle por parte do pesquisador do seu cronograma de trabalho estão, muitas vezes, entre os obstáculos mais difíceis de serem superados. A viabilidade do trabalho de pesquisa depende fortemente da existência de redes em comum — locais, de amizade, parentesco, ideológicas ou sociais.

2. *Como garantir a participação nos eventos da campanha?* Uma campanha envolve várias atividades, como panfletagens, reuniões em locais públicos e privados, jantares, carreatas, passeatas, comícios etc. Muitos desses lugares são de difícil acesso devido à distância, falta de transporte, horários tardios ou restrição à presença de estranhos. Problemas de ordem prática também afetam a pesquisa, como a falta de banheiros e locais apropriados para refeições e descanso.

3. *O calendário e o cronograma de eventos.* Às dificuldades de informação e locomoção soma-se a pressão da passagem do tempo. Uma pesquisa de campo com campanhas políticas é marcada pela temporalidade dos eventos, que têm dia e hora para terminar. A sensação de impotência e de dependência em relação à boa vontade dos candidatos, aos recursos disponíveis para acompanhar as atividades e à rigidez do calendário eleitoral acompanha e pressiona os pesquisadores durante todo o campo.

4. *Questões pessoais e de gênero.* Medo, insegurança, timidez, constrangimento, indignação e inadequação foram alguns dos sentimentos experimentados por uma equipe de antropólogas durante o campo. Além do incômodo de se sentir inconveniente em meio a pessoas preocupadas com seus próprios afazeres (problema clássico em qualquer trabalho de campo), houve o constrangimento de ser mulher em um universo ainda predominantemente masculino, bem como o constrangimento de se presenciar práticas contrárias às suas crenças éticas pessoais.

5. *O possível uso político da pesquisa pelos políticos.* A realização da pesquisa por alguém associado a uma elite intelectual e acadêmica costuma ser utilizada pelos candidatos para autopromoção junto a determinados tipos de público. O pesquisador é freqüentemente pressionado a opinar sobre o candidato, emitir publicamente sua intenção de voto e, por vezes, utilizar adereços e ajudar na distribuição de propaganda do mesmo. Essa identificação — ainda que temporária e de intensidade variável — é essencial para a manutenção dos laços pesquisador-pesquisado, embora possa ter conseqüências reais (do ponto de vista político-eleitoral) alheias aos objetivos científicos.

6. *A necessidade de se empreender um tratamento cuidadoso das fontes obtidas.* Textos biográficos, jornais, panfletos, documentos oficiais, discursos, fotografias, material de observação: cada uma dessas fontes encerra narrativas comprometidas com certos sujeitos sociais, em contextos históricos

e culturais específicos. O pesquisador precisa perceber essas diferenças, evitando nivelar seus dados.

7. *Questões relacionadas à divulgação dos resultados da pesquisa.* Como lidar com o anonimato de "nativos", quando a divulgação ou identificação de seus nomes pode ter conseqüências negativas (para eles ou mesmo para o próprio pesquisador)? Por mais que exista um acordo tácito de anonimato em relação a segredos, comentários pessoais ou práticas mais ou menos ilícitas, lida-se com pessoas e eventos públicos facilmente identificáveis. Nesses casos, para obter informações sobre os bastidores da política, é preciso muitas vezes abrir mão de divulgar certos dados que poderiam enriquecer a pesquisa. É fundamental, portanto, que a divulgação dos resultados inclua uma reflexão sobre o processo de obtenção dos mesmos. Assim, devem estar explicitadas nos relatos da pesquisa questões como a forma de entrada do pesquisador no campo, os acordos realizados e os laços sociais acionados e evitados. Não se trata apenas de satisfazer a curiosidade dos leitores, mas de usar esses dados como objeto de análise das categorias de entendimento do próprio universo estudado.

Enfrentar esses problemas é refletir sobre as condições de obtenção dos dados de pesquisa e qualificar esses próprios dados, identificando as circunstâncias de sua construção e, conseqüentemente, o viés das informações analisadas. Todos os tipos de problemas levantados estão mais ou menos presentes em *qualquer* trabalho de campo. Busquei, aqui, especificar como eles se configuram dentro dos limites e condições da pesquisa junto a candidatos a cargos eletivos. Até que ponto é possível trabalhar nessas circunstâncias e obter material relevante? Quais as estratégias de investigação mais eficazes? Quais acordos de pesquisa são possíveis nesse contexto? Qual a contribuição específica desse tipo de fonte para uma pesquisa mais ampla a respeito do processo eleitoral?

Não existem fórmulas simples nem soluções gerais para resolver essas questões. A despeito de todos os problemas levantados, porém, acredito que os dados obtidos através do trabalho de campo têm ainda uma capacidade ímpar de permitir a observação de pessoas sob a pressão de coerções sociais de seu próprio meio, sujeitas a múltiplas e repetidas situações cuja observação é acessível apenas ao pesquisador participante. Esse processo de construção do conhecimento permite compreender alguns dos componentes centrais que estruturam as redes sociais em bastidores de campanhas, bem como as representações e práticas de seus principais personagens a respeito da política.

Interdisciplinaridade e diálogo acadêmico

O campo da política é potencialmente interdisciplinar. Além da "antropologia política" ou "antropologia da política", ele tem sido intensamente estudado por tradições caracterizadas como "sociologia política", "ciência política" ou "história política". É comum, no entanto, haver incompreensões e resistências ao diálogo entre pesquisadores dessas áreas. Muitas vezes, isso se deve ao desconhecimento de tradições intelectuais diferentes daquela na qual nos especializamos, o que tende a fortalecer estereótipos e visões equivocadas sobre nossos "outros" acadêmicos.

Não é tarefa simples compreender visões diferentes sobre política. O vocabulário político é de tal ordem naturalizado no cotidiano dos pesquisadores que freqüentemente surgem nos seus textos termos do senso comum que não fazem parte do universo pesquisado — ou ainda, termos que são empregados pela população estudada, mas cujo sentido difere daquele da cultura do pesquisador. É preciso uma atenção permanente e um bom senso de discriminação para não cair nessas armadilhas.

Outro aspecto que acarreta grandes dificuldades para uma pesquisa de antropologia da política é o problema da corrupção, da ilegalidade e da circulação de cargos e dinheiro. Raros são os pesquisadores que conseguiram dados precisos e em grande escala a esse respeito. Embora desejável, uma pesquisa com esse fim dificilmente pode ser realizada com base em observação participante sem trazer um risco considerável também para quem a conduz. *A sociedade de esquina*, de Foote Whyte, é mais uma vez um exemplo excepcional nesse campo.

A despeito das dificuldades apontadas, a antropologia da política tem muito a contribuir para uma compreensão da complexidade da política brasileira. Em sua agenda de pesquisa está a preocupação permanente em recusar um caminho analítico baseado no julgamento das crenças e práticas dos grupos estudados a partir de valores apriorísticos e externos ao próprio grupo. Embora certas práticas sejam formalmente "erradas" do ponto de vista dos princípios democráticos, a antropologia acredita que é necessário estudá-las em sua própria lógica, sem encampar rótulos e preconceitos. Em muitos casos, essa compreensão é fundamental para percebermos que a política opera com valores da sociedade mais abrangente, tradicionalmente associados a outras esferas da vida social, como família e religião, mas vistos como ilegítimos quando operados na esfera política. Por outro lado, a incorporação de uma perspectiva histórica ajuda a perceber que o mundo da política não é imutável, e sim uma realidade em permanente processo de transformação.

É claro que as populações urbanas, rurais ou indígenas são universos etnográficos e históricos que não existem em um vácuo, mas sim dentro de uma sociedade maior cujas instituições políticas têm, no caso brasileiro, por base os princípios da democracia representativa. Como lidar com esse fato? É preciso tratar a própria sociedade nacional e a democracia como sujeitas ao exame etnográfico. Desse modo, escapamos da armadilha de considerar os dados em comparação com um modelo político ideal. Passamos a lidar com múltiplas configurações historica e espacialmente constituídas. É fundamental marcar que essa abordagem é prerrogativa de toda a antropologia e não de uma certa área da disciplina classificada como "política".

O antropólogo francês Marc Abélès afirma que a antropologia não tem como objetivo criticar as práticas políticas, mas entender como as relações de poder emergem em uma determinada situação, adquirindo significado para os atores sociais. Sua maior contribuição é partir sempre do pressuposto de que "democracia" é um modelo teórico, não existente em forma pura em lugar algum. Em muitos casos, os estudos etnográficos permitem enxergar uma zona obscura de relação entre o Estado e a população, seja através do ponto de vista dos "de cima" (estudo de rituais e cerimônias oficiais) quanto dos "de baixo" (estudos de comunidades).

A abordagem antropológica privilegia a adoção do método comparativo e de técnicas de pesquisa qualitativas, voltadas para a realização do trabalho de campo com observação participante e entrevistas em profundidade, freqüentemente produzindo "estudos de casos". No entanto, o antropólogo não ignora que as práticas e representações observadas estão inseridas em um sistema político formal, com instituições de larga escala. Nesse esforço, a antropologia da política, assim como a antropologia de um modo geral, oscila entre sua fidelidade ao particular e a necessidade de produzir generalizações. Por isso mesmo, é fundamental que ela estabeleça um diálogo com outras disciplinas, como história, ciência política, sociologia, lingüística e comunicação. É a partir de abordagens multi e interdisciplinares e da adoção de uma perspectiva comparativa que se pode chegar a compreender não só as representações e práticas da política em um grupo específico, mas também as relações desse material etnográfico com a sociedade mais ampla.

Esse desafio se impõe principalmente em um momento histórico em que múltiplas definições de grupo, sociedade e cultura são colocados em xeque, deixando mais evidentes os problemas de tomarmos classificações e categorias como locais, nacionais ou transnacionais. Já em 1943, esse era um dos temas do desafio proposto por William Foote Whyte à comunidade acadêmica. Como incorporar as questões trazidas pelas novas mídias e movimentos migratórios aos debates acerca do poder, das instituições e das identidades sociais?

Vários autores concordam que é necessário fazer um esforço para integrar os estudos isolados em quadros de compreensão mais amplos, de preferência por meio do diálogo com outras áreas das ciências sociais. Mas é possível fazer isso sem perder de vista a etnografia como contribuição maior da disciplina. Afinal, compreender, "do ponto de vista do nativo", práticas muitas vezes diferentes daquelas que idealizamos pode ser fonte de incômodo — tanto intelectual quanto cívico. Trata-se, porém, de um incômodo necessário, pois, como disse Clifford Geertz: "Se quiséssemos verdades caseiras, deveríamos ter ficado em casa."

Referências e fontes

Para a seção "Histórico de um campo de estudos", utilizei diversas coletâneas e revisões sobre o tema antropologia da política. Recomendo, principalmente, *Anthropology and Politics: Visions, Traditions, and Trends*, de Joan Vincent (Tucson, University of Arizona Press, 1990) e *Political Anthropology: An Introduction*, de Ted Lewellen (Westport, Londres, Bergin & Garvey, 2ª ed., 1992); além dos artigos "Political Anthropology", de David Easton (*Biennial Review of Anthropology*, 1959) e "Political Anthropology: New Challenges, New Aims", de Marc Abélès (*International Social Science Journal*, n.153, 1997). Em português, sugiro o verbete "Antropologia Política", de João Pacheco de Oliveira Filho (*Dicionário de Ciências Sociais*. Rio de Janeiro, 1986).

Os principais trabalhos clássicos citados são *African Political Systems*, organizado por Meyer Fortes e Edward E. Evans-Pritchard (Londres, Oxford University Press, 1940 [trad. Port. Lisboa, Fundação Calouste Gulbenkian]); *Os Nuer: Uma descrição do modo de subsistência e das instituições políticas de um povo nilota*, de Evans-Pritchard (São Paulo, Perspectiva, 1978 [1940]); *Sistemas políticos da Alta Birmânia*, de Edmund Leach (São Paulo, Edusp, 1996 [1954]); *O processo ritual: Estrutura e antiestrutura*, de Victor

Turner (Petrópolis, Vozes, 1974 [1969]); *Dramas, Fields, and Metaphors: Symbolic Action in Human Society*, de V. Turner (Cornell University Press, 1974); *Stratagems and Spoils: A Social Anthropology Of Politics*, de Frederick G. Bailey (Nova York, Schocken, 1969); *Political Anthropology*, organizado por M. Swartz, V. Turner e A. Tuden (Chicago, Aldine, 1966); *Local-Level Politics: Social And Cultural Perspectives*, organizado por M. Swartz (Chicago, Aldine, 1968); *Arqueologia da violência* e *A sociedade contra o Estado*, ambos de Pierre Clastres (São Paulo, Brasiliense, 1982 [1980]; e Rio de Janeiro, Francisco Alves, 1988 [1974] — respectivamente).

Sugiro também duas coletâneas lançadas a partir da década de 1990 para uma visão da produção internacional contemporânea: *Anthropological Approaches to Political Behavior*, organizada por Frank McGlynn e Arthur Tuden (University of Pittsburgh Press, 1991) e *The Anthropology of Politics: A Reader in Ethnography, Theory, and Critique*, organizada por Joan Vincent (Oxford, Blackwell, 2002).

Na seção "Cultura Política" utilizo principalmente os textos *The Civic Culture; Political Attitudes And Democracy In Five Nations*, de Gabriel Almond e Sidney Verba (Princeton University Press, 1963), *The Civic Culture Revisited: An Analytic Study*, dos mesmos autores (Boston, Little Brown, 1980); *Patterns of Culture*, de Ruth Benedict (Cambridge University Press, 1934); e "National character", de Margaret Mead (artigo publicado em *Anthropology Today: Selections*, organizado por Sol Tax. Chicago University Press, 1962). Parte desta seção foi publicada anteriormente no artigo que escrevi em co-autoria com Leandro Piquet-Carneiro, "As dimensões subjetivas da política: cultura política e antropologia da política" (*Revista Estudos Históricos*, n.24, 1999).

Para a seção seguinte, sugiro *Sociedade de esquina (Street Corner Society): A estrutura social de uma área urbana pobre e degradada*, de William Foote Whyte (Rio de Janeiro, Jorge Zahar, 2005 [1943]) e "Instruction and Research: A Challenge to Political Scientists", do mesmo autor (*The American Political Science Review*, vol.37, n.4, 1943).

Os principais textos citados em "A antropologia da política no Brasil" foram: "Antropologia política, ciência política e antropologia da política", de Mariza Peirano (*Três ensaios breves*. Brasília, Série Antropologia, n.230, 1998); *Coronelismo, enxada e voto: o município e o regime representativo no Brasil*, de Victor Nunes Leal (Rio de Janeiro, Nova Fronteira, 3ª ed., 1997 [1949]); *Antropologia, voto e representação política*, organizado por Moacir Palmeira e Marcio Goldman (Rio de Janeiro, ContraCapa, 1996); *Candidatos e candidaturas: Enredos da campanha eleitoral no Brasil*, organizado por Irlys Barreira e M. Palmeira (São Paulo, Annablume, 1998); *Como se fazem eleições no Brasil*, organizado por Beatriz Heredia, Carla Teixeira e I. Barreira (Rio de Janeiro, Relume-Dumará, 2002); *Política no Brasil: Visões de antropologia*, organizado por M. Palmeira e César Barreira (Rio de Janeiro, Relume Dumará/NuAP/UFRJ, 2006); "Voto: racionalidade ou significado", de M. Palmeira (*Revista Brasileira de Ciências Sociais*, n.20, 1992); "Os comícios e a política de facções", de M. Palmeira e B. Heredia (*Anuário Antropológico/94*, 1995); "Política ambígua", dos mesmos autores (em *O mal à brasileira*. Rio de Janeiro, Ed. Uerj, 1997); *Corrupção: Um estudo sobre poder público e relações pessoais no Brasil*, de Marcos Otávio Bezerra (Rio de Janeiro, Relume-Dumará, 1995); *Em nome das bases: Política, favor e dependência pessoal*, do mesmo autor (Rio de Janeiro, Relume-Dumará/NuAP, 1999); *A honra da política: Decoro parlamentar e cassação de mandato no Congresso Nacional (1949-1994)*, de C. Teixeira (Rio de Janeiro, Relume-Dumará/NuAP, 1998); *Festas na política: uma etnografia da modernidade no sertão (Buritis-MG)*, de Christine Chaves (Rio de Janeiro, Relume-Dumará/NuAP, 2003); e "Ensaio sobre a dádiva, forma e razão da troca nas sociedades arcaicas", de Marcel Mauss (*Sociologia e antropologia*. São Paulo, EPU, 1974 [1924]).

Para os trabalhos escritos ou organizados por mim citados nesta e em diversas seções, ver em "Sobre a autora".

Na seção "Rituais e política", a principal referência é o meu artigo "Rituais de comensalidade na política" (em *Como se fazem eleições no Brasil*). Além das obras de Turner, Leach, Palmeira, Heredia e Chaves citadas acima, utilizei os seguintes títulos: *Negara: O estado teatro no século XIX*, de Clifford Geertz (Rio de Janeiro, Bertrand, 1980); *O dito e o feito: Ensaios de antropologia dos rituais*, de Mariza Peirano (Rio de Janeiro, Relume-Dumará/NuAP, 2002); *O poder simbólico*, de Pierre Bourdieu (Rio de Janeiro, Bertrand/Lisboa, Difel, 1989); *A dívida divina: Troca e patronagem no nordeste brasileiro*, de Marcos Lanna (São Paulo, Unicamp, 1995); "Origens sociais, mediação e processo eleitoral num município de imigração italiana", de Odaci Coradini (em *Candidatos e candidaturas*); *Chuva de papéis: Ritos e símbolos de campanhas eleitorais no Brasil*, de I. Barreira (Rio de Janeiro, Relume-Dumará/NuAP, 1998); "Política, família, comunidade", de B. Heredia (em *Antropologia, voto e representação política*); e "Sociabilidade: Um exemplo de sociologia pura ou formal", de Georg Simmel (*Sociologia*, São Paulo, Ática, 1983).

"Política, espaço urbano e mediação" tem como fontes meus textos "Cultura, política e espaço urbano" publicado em *Antropologia urbana: Cultura e sociedade no Brasil e em Portugal*, organizado por Gilberto Velho (Rio de Janeiro, Jorge Zahar, 1999) e "Trajetória, projeto e mediação na política", que integra a coletânea *Mediação, cultura e política*, organizada por mim e Gilberto Velho (Rio de Janeiro, Aeroplano, 2001). Faço também menções a *A cultura popular na Idade Média e no Renascimento: O contexto de François Rabelais*, de Mikhail Bakhtin (São Paulo, Hucitec/Brasília: Universidade de Brasília, 1987 [1965]); *O mistério do samba*, de Hermano Vianna (Rio de Janeiro, Jorge Zahar, 1995); e *Individualismo e cultura*, de Gilberto Velho (Rio de Janeiro, Zahar, 1981). Os textos de Max Gluckman e Paul Friedrich mencionados estão em *Local-Level Politics.*

Na seção "Observação participante no campo da política", utilizei como referências *As regras do método sociológico*, de Émile Durkheim (São Paulo, Nacional, 1990 [1895]); "Observando o familiar", de Gilberto Velho (em *A aventura sociológica*. Rio de Janeiro, Zahar, 1978); *A representação do eu na vida cotidiana*, de E. Goffman (Petrópolis, Vozes, 1975 [1959]); *Métodos de pesquisa em Ciências Sociais*, de Howard S. Becker (São Paulo, Hucitec, 1993); "A coleta e a interpretação dos dados empíricos", de B. Malinowski (em *Malinowski — Antropologia*. São Paulo, Ática, 1986); além de meu artigo "Uma pesquisadora na metrópole: Identidade e socialização no mundo da política" que integra *Pesquisas urbanas: Desafios do trabalho antropológico*, organizado por mim e Gilberto Velho (Rio de Janeiro, Jorge Zahar, 2003).

Em "Interdisciplinaridade e diálogo acadêmico" menciono diversos trabalhos citados acima, finalizando com um trecho de "Anti anti-relativismo", de Clifford Geertz, em *Nova luz sobre a antropologia* (Rio de Janeiro, Jorge Zahar, 2001 [1983]).

Sugiro ainda assistir aos documentários *Vocação do poder*, de Eduardo Escorel e José Joffily (2006) e *Entreatos*, de João Moreira Salles (2006), ambos sobre política no Brasil.

Agradecimentos

Este livro é fruto das pesquisas que venho realizando desde 1991 no campo da antropologia da política. Sou especialmente grata a Gilberto Velho por todo investimento intelectual e afetivo que me confiou nesses anos todos. Através de Mariza Peirano, Beatriz Heredia e Moacir Palmeira, agradeço a todos os participantes do Núcleo de Antropologia da Política (NuAP). Parte da pesquisa e redação destas páginas foi feita durante o período que passei como *Visiting Fellow* no Centro de Estudos Brasileiros da Universidade de Oxford, Reino Unido (2005), no âmbito de convênio da referida instituição com o CNPq. Agradeço particularmente a Leslie Bethell pela acolhida em Oxford. Terminei o texto já em minha nova casa, o departamento de antropologia cultural do IFCS/UFRJ. Meus agradecimentos especiais são para Celso Castro, quem mais me incentivou a escrever este livro e com quem compartilho uma vida, dois filhos e o gosto pela antropologia.

Sobre a autora

Karina Kuschnir nasceu no Rio de Janeiro em 1967. É jornalista, mestre e doutora em antropologia social pelo Museu Nacional, Universidade Federal do Rio de Janeiro (UFRJ). É professora do Departamento de Antropologia Cultural do Instituto de Filosofia e Ciências Sociais da UFRJ, onde coordena o Laboratório de Antropologia Urbana (LAU). Foi professora visitante e pesquisadora associada na Universidade do Estado do Rio de Janeiro (Uerj) e no Museu Nacional (UFRJ), respectivamente, bem como professora do Departamento de Comunicação Social da PUC-Rio. Em 2005 foi *Visiting Fellow* no Centro de Estudos Brasileiros da Universidade de Oxford.

É autora de *Eleições e representação no Rio de Janeiro* (Relume-Dumará, 2000) e *O cotidiano da política* (Jorge Zahar, 2000) e co-organizadora, com Gilberto Velho, de *Mediação, cultura e política* (Aeroplano, 2001) e *Pesquisas urbanas: desafios do trabalho antropológico* (Jorge Zahar, 2003). Contribuiu com capítulos em *Como se fazem eleições no Brasil* (Relume-Dumará, 2002), *Antropologia urbana* (Jorge Zahar, 1999), *Candidatos e candidaturas* (Annablume, 1998), *Antropologia, voto e representação política* (ContraCapa, 1996), entre outros. Publicou artigos em revistas como *Dados, Revista Brasileira de Ciências Sociais, Estudos Históricos,*

Mana, *Interseções*, entre outras. É pesquisadora associada ao Núcleo de Antropologia da Política (NuAP/Pronex) e ao Laboratório de Pesquisas em Comunicação Política e Opinião Pública — Doxa (Iuperj). Foi consultora do documentário *Vocação do poder*, de Eduardo Escorel e José Joffily (2005).

Coleção **PASSO-A-PASSO**

Volumes recentes:

CIÊNCIAS SOCIAIS PASSO-A-PASSO

O negócio do social [40], Joana Angélica Barbosa Garcia

Origens da linguagem [41], Bruna Franchetto e Yonne Leite

Antropologia da criança [57], Clarice Cohn

Patrimônio histórico e cultural [66], Pedro Paulo Funari e Sandra de Cássia Araújo Pelegrini

Antropologia e imagem [68], Andréa Barbosa e Edgar T. da Cunha

Antropologia da política [79], Karina Kuschnir

Sociabilidade urbana [80], Heitor Frúgoli Jr.

Pesquisando em arquivos [82], Celso Castro

Cinema, televisão e história [86], Mônica Almeida Kornis

FILOSOFIA PASSO-A-PASSO

Estética [63], Kathrin H. Rosenfield

Filosofia da natureza [67], Márcia Gonçalves

Hume [69], Leonardo S. Porto

Hannah Arendt [73], Adriano Correia

Schelling [74], Leonardo Alves Vieira

Niilismo [77], Rossano Pecoraro

Kierkegaard [78], Jorge Miranda de Almeida e Alvaro L.M. Valls

Filosofia da biologia [81], Karla Chediak

Ontologia [83], Susana de Castro

John Stuart Mill & a liberdade [84], Mauro Cardoso Simões

Filosofia da história [88], Rossano Pecoraro

Teoria do conhecimento [91], Alberto Oliva

PSICANÁLISE PASSO-A-PASSO

Psicanálise com crianças [75], Teresinha Costa

Feminino/masculino [76], Maria Cristina Poli

Cinema, imagem e psicanálise [85], Tania Rivera

Trauma [87], Ana Maria Rudge

Édipo [89], Teresinha Costa

A psicose [90], Andréa M.C. Guerra

A angústia [92], Sonia Leite

Educação e psicanálise [93], Rinaldo Voltolini

Os outros em Lacan [94], Antonio Quinet

A paixão [95], Marcus André Vieira

Histeria: o caso Dora [96], Nadiá Paulo Ferreira e Marcus Alexandre Motta